5

개혁의 실패와 망국으로의 길

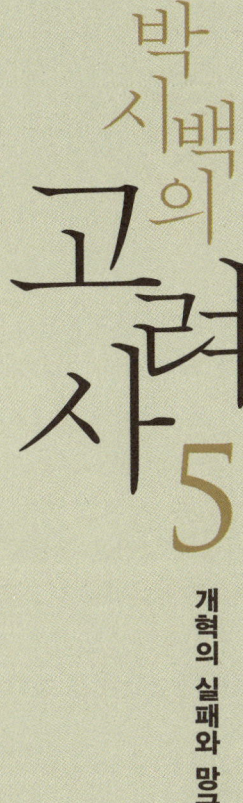

박시백의 고려사 5

개혁의 실패와 망국으로의 길

Humanist

머리말

　　5,000년 역사를 통해 우리나라를 대표하는 이름으로 자리잡은 것은 조선, 한, 고려 이 셋이다. 조선이 가장 먼저 나오고 뒤이어 한, 고려가 나왔는데 공교롭게도 오늘날에 모두 쓰이고 있다. 남과 북이 각각 한과 조선을 국호로 삼았고 나라 밖에선 남과 북을 통칭해 '코리아(Korea)'라고 부른다. 코리아는 곧 고려로, 우리가 세계에 알려진 것이 고려 때임을 알게 해준다.

　　자신의 존재를 세계에 알린 나라답게 고려는 확실히 외부에 열린 나라였다. 중국을 비롯해 거란, 여진, 몽골, 일본 등 주변 나라들은 물론 멀리 아라비아와도 적극적으로 교류했고, 적지 않은 이들 나라 사람들이 고려에 귀부해 정착했다. 고려는 귀부해 오는 이민자들을 거리낌 없이 받아들였고 이를 통해 자신의 문화를 더욱 풍부하게 했다.

　　자주성이 강한 고려는 외부의 침략에도 단호히 맞서 싸웠다. 거란은 고려를 침략했다가 일찍이 겪어보지 못한 괴멸적 패배를 맛봤으며, 끝없는 정복전쟁으로 인류 역사에서 최대의 영토를 차지했던 몽골도 고려를 굴복시키는 데 무진 애를 먹었다. 외교적 수완도 뛰어나서 필요하면 형식적 사대를 하거나 제3국과 손잡고 상대를 압박했으며, 심지어 이이제이를 하는 모습도 보여주었다. 이는 모두 여차하면 힘으로 맞선다는 태세와 그럴만한 실력이 있었기에 가능한 일이었다.

　　하지만 복잡하고 불안한 주변 정세 속에서 자주적으로 살아남는다는 것은 시련을 동반한다. 세 차례에 걸친 거란의 침입, 40여 년간 이어진 몽골과의 전쟁 등 외부의 침입으로 인한 고난의 시간이 너무 길었다. 당대의 백성들에겐 혹독하기 이를 데 없는 세월이었을 텐데 선조들은 그런 환경 속에서 세계 최초의 금속활자, 팔만대장경판, 고려청자 같은 빛나는 문화적 성취를 이뤄냈다. 실로 작지만 강하고 매력적이었던 나라, 고려!

이 책은 바로 고려에 대한 소개서로, 만화로 보는 고려시대사, 고려 정치사이다. 조선 초에 편찬된 《고려사》, 《고려사절요》에 철저히 기반했기에 이 두 책의 요약서라고도 할 수 있다. 500년 가까운 세월을 다섯 권에 담다 보니 사건과 인물 들에 대한 소개가 생략되거나 간략해 보이는 감이 있을 것이다. 하지만 고려사가 대중적으로 잘 알려져 있지 않은 편이라 지나치게 자세한 소개는 오히려 접근을 어렵게 할 수도 있겠단 판단에서 이 정도의 분량을 택했다. 부디 이 책이 고려사에 대한 관심을 높이고 이해를 넓히는 데 작은 보탬이 되었으면 하는 바람이다.

2022년 2월

차례

머리말 4
등장인물 소개 8

제1장 허약한 왕좌

심왕 고의 도전 15
무기력한 충숙왕 26
황음무도 충혜왕 36
충목왕과 충정왕 49

제2장 공민왕의 개혁과 좌절

조일신의 난 65
공민왕 시대의 반원 자주 개혁 75
꼬리에 꼬리를 무는 외침 87
김용의 난, 최유의 공작 95
신돈의 개혁 112
파국 127

제3장 우왕과 권문세족

모니노, 어린 우왕 139
권신들의 경쟁 146
명과 북원 사이에서 158
전쟁 영웅 최영과 이성계 170
최영 정권이 서다 178

제4장 역성혁명

혁명의 설계자 정도전 195
위화도 회군 202
폐가입진 215
천명을 옮겨라 225
정몽주의 힘 236
마지막 옥새 248

작가 후기 262
고려사 연표 266
고려 왕실 세계도 270
정사(正史)로 기록된 고려의 역사, 《고려사》와 《고려사절요》 271

등장인물 소개

충숙왕
고려 제27대 왕.

왕고
충선왕으로부터 심왕 자리를 물려받고 왕위를 노린다.

이제현
입성책동을 막고 공민왕 초기 개혁 정치를 펼친다.

유청신·오잠
심왕 옹립을 시도하며 입성책동을 일으킨다.

조적
심왕을 옹립하기 위해 난을 일으킨다.

충혜왕
고려 제28대 왕.

기황후
고려인으로 원 혜종의 제2황후.

기철
기황후의 오빠. 충혜왕을 몰아내고 권력을 휘두른다.

왕후
충목왕 시대 정치도감을 맡아 개혁을 주도한다.

충목왕
고려 제29대 왕.

충정왕
고려 제30대 왕.

노국대장공주

공민왕
고려 제31대 왕. 반원 자주 개혁을 펼치며 고려의 독립을 꿈꾼다.

조일신
공민왕의 최측근으로, 난을 일으킨다.

정세운
왕의 총애를 받아 총병관이 되어 홍건적을 무찌른다.

김용
공민왕의 최측근으로, 정세운을 시기해 제거하고 난을 일으킨다.

신돈
공민왕의 신임을 얻어 개혁을 이끈다.

홍무제
명나라 태조.

이인임
우왕 책봉에 결정적 역할을 한 재상. 친원 세력으로 원과 수교를 재개시킨다.

최영
백전백승의 무장. 우왕을 보좌해 권력을 잡고 요동 정벌에 나선다.

우왕
고려 제32대 왕.

조민수
좌군도통사로 요동 정벌에 나서지만, 이성계와 함께 회군한다.

이색
명망 있는 학자이자 재상. 조민수와 함께 창왕을 세운다.

창왕
고려 제33대 왕.

공양왕
제34대 고려의 마지막 왕.

정몽주
빼어난 학자이자 재상으로 역성혁명 세력에 맞서 고려 왕조를 지키려 한다.

조준
토지제도 개혁 상소를 올려 공양왕대에 과전법을 시행한다.

이방원
이성계의 아들로, 역성혁명을 위해 정몽주를 제거한다.

정도전
역성혁명의 설계자.

이성계
최영과 더불어 고려의 명장. 정도전과 손잡고 역성혁명을 이끈다.

제1장

허약한 왕좌

1313	충숙왕 즉위
1316	충선왕, 왕고에게 심왕 자리 이양
1321	충숙왕, 원에 억류
1322	심왕 옹립 시도
1323	입성책동
1325	충숙왕 귀국. 충선왕 훙거
1330	충숙왕 양위, 충혜왕 즉위
1332	충혜왕 폐위. 충숙왕 복위
1339	충숙왕 훙거, 충혜왕 복위
	조적의 난
1340	기씨, 원의 제2황후에 책봉
1344	충혜왕, 유배 도중 훙거
1344	충목왕 즉위
1347	정치도감 설치
1349	충정왕 즉위
1350	왜구의 침탈 시작
1351	충정왕 폐위. 공민왕 즉위

◀ 만월대
고려의 수도 개경에 있던 고려 왕조의 궁궐터. 홍건적의 침입으로 파괴되었으나 재건되지 못했다. 2007년부터 2018년까지 개성 만월대 남북공동발굴조사가 여덟 차례 진행되었고, 2013년 유네스코 세계유산에 등재되었다.

심왕 고의 도전

1313년 고려 제27대 임금 충숙왕이 스무 살의 나이로 왕위에 올랐지만

상왕인 아버지 충선왕이 연경에서 주요한 모든 것을 결정했다.

인사나 재정 관리마저 상황의 측근인 권한공, 최성지 등이 주도했다.

게다가 상왕이 조카인 왕고에게 심왕의 자리를 물려준 터라

왕의 입지는 더욱 좁았다.

"왜 조카에게 물려줬겠어? 조카인 고를 더 신뢰한단 의미잖아."

"게다가 황제도 심왕을 더 아낀다던 걸."

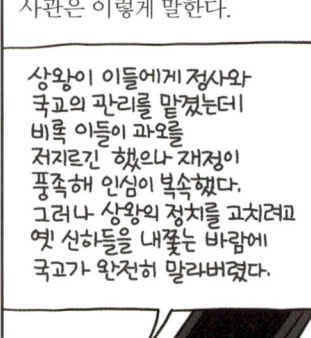

연경의 고려인 다수도 이제현을 앞세워 반대 글을 올렸다.

(합진과 조충의 맹약, 원종이 쿠빌라이를 찾아가 본 일, 충렬왕이 일본 정벌에 앞장선 일 등 역사적 관계를 설명하고) 그렇기에 공주를 시집보내시어 대대로 인척으로서의 우호를 돈독히 하고 옛 관습을 고치지 않게 함으로써 종묘사직을 보전하게 한 것은 세조 황제께서 내리신 조서에 나와있습니다.

지금 들으니 조정에서 저희 나라에 행성을 세워 중국의 다른 지방과 같은 행정구역으로 만든다고 합니다. 정말 그렇다면 저희 나라의 공은 제쳐두고라도 세조 황제의 조서는 어찌 된단 말입니까?

바라옵건데 세조 황제께서 우리의 공을 생각한 뜻을 돌이켜 보시고 ··· 중국의 울타리로서 우리의 무궁한 기쁨을 지속할 수 있게 해주십시오. 그러면 어찌 고려의 백성만 경축하고 황제의 성덕을 노래하겠습니까? 종묘사직의 영혼들도 지하에서 감읍할 것입니다.

그렇게 입성책동도 실패로 돌아갔다.

끄응~ 쉽지 않네.

옥새를 빼앗긴 채 유폐나 다름없는 생활을 한 지 2년 가까이 지났을 무렵, 변화가 일었다.

폐하께서 정변으로 죽고 새 황제가 즉위했나이다.

상왕 전하께서 토번에서 풀려나 돌아오고 계신다 하옵니다.

그리고 마침내…

왕도에게 옥새를 돌려주도록 하라.

무기력한 충숙왕

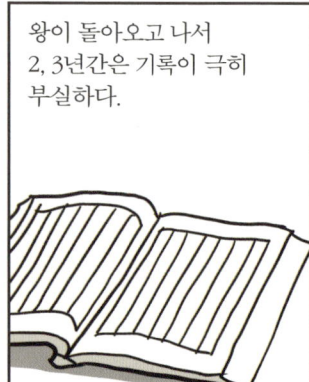

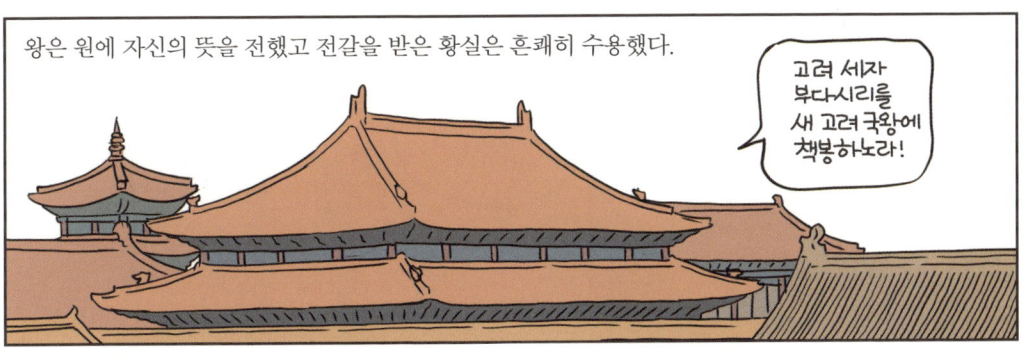

그리고 이들보다 먼저 결혼한 고려인 덕비 홍씨(공원왕후, 명덕태후)가 있다.

홍규의 딸인 그녀는(4권 161쪽 참조) 충숙왕 2년(1315)에 아들을 낳았다. 새로 임금이 되는 충혜왕이다.

이듬해 복국장공주가 시집오자 사가로 물러나 살아야 했지요.ㅠㅠ

몽골명 보탑실리(부다시리), 충혜왕은 이미 2년 전에 원에 들어가 지내고 있었고

당시 원의 실세인 우승상 연첩목아(엘테무르)의 각별한 총애를 받고 있었다.

세자는 내가 아들처럼 생각하는 거 알지?

넵~ 아버님!

그렇게 뒷배까지 든든한 열여섯 새 왕은 거칠 것이 없었다.

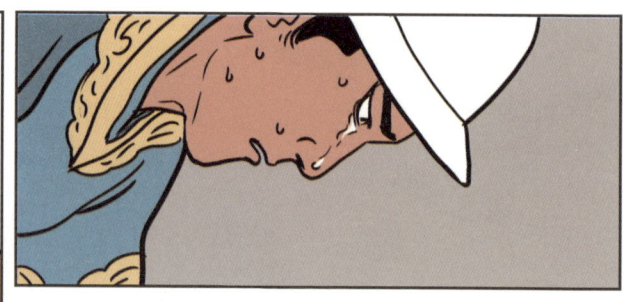

왕은 대동강에 이르러선 심왕을 위해 물놀이 잔치를 베풀었다.

오랜 앙숙 간의 연대가 이루어진 것인데 매개는 이런 것이었다.

"혹여라도 내게 무슨 일이 있게 되면 심왕께서 내 뒤를 잇도록 하오."

"내 아들놈? 그 발피(망나니)는 왕의 재목이 아니오."

선위하자마자 자신의 신하들을 대거 내쫓아 버린 아들에 대한 분노 때문이었을까?

그렇게 왕은 심왕에게 후계를 약속했고 심왕은 이후 더는 왕을 흔들지 않았다.

"왕이 나보다 나이가 어려 내게 기회가 올지는 모르겠지만 혹 모르잖아."

왕은 복위 후 8년을 더 살았다. 특별한 정치적 위기도 없는 평온한 시간이었다.

"심왕과 손잡길 잘했지."

가끔씩 좋아하는 사냥에 나섰고

전보다 더 사람 만나기를 꺼렸다.

"두통이 심하다고 해라."

황음무도 충혜왕

환관 출신으로 정승에까지 오른 조적은 오래전부터 심왕 고 편에 서온 인물.

백관을 불러 모아 불량배들 척결을 선동하고 대오를 편성했다.

때마침 김주장이란 자가 원에서 돌아와 거짓을 알렸다.

전왕은 고무됐고

조적 측은 흔들렸다. 그러나 조적은 결연함을 보인다.

마침내 조적이 이끄는 군사 1,000여 명이 궁을 습격했다.

전왕이 직접 군사를 이끌고 나와 팔에 화살까지 맞아가며 응전하자

반군은 무너졌고

조적은 사살되었다.

승리의 기쁨도 잠시,

핫핫핫 이제부터는 내맘대로닷!

얼마 뒤 원 사신들이 왔다.

경화공주를 찾아 인사하고

폐하께서 위로의 술을 내리셨습니다.

전왕과 그의 측근들을 붙잡아 돌아갔다. 조적 측의 고발에 따른 것이다.

전왕도

신료들도 형부의 옥에 갇혀 신문받는 신세가 되었다.

전왕과 신료들을 구해낸 이는 함께 잡혀온 김륜이었다.

신문 과정에서 분명하고 간결하게 조적 일파의 주장을 제압하자 전왕을 보는 원나라 관리들의 눈빛이 달라졌다.

결국 충숙왕이 죽고 1년이 지나서야 충혜왕은 왕위 계승을 인정받게 되었다.

김륜을 일등공신으로 삼고 공신각에 초상을 걸도록 해라.

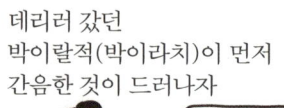

새 궁궐을 짓고는 모든 부호에게 용모가 예쁜 여종들을 바치게 하여 들여놓았다.

잦은 사냥과

격구 구경,

물놀이 구경 등 각종 유흥에

술자리가 이어졌다.

● 참요(讖謠): 시대 상황이나 정치적 징후 등을 암시하는 민요.

충목왕과 충정왕

충혜왕이 폐위되었을 때 후계 후보가 셋 있었다. 충혜왕의 동복동생인 열다섯 살 강릉부원대군 왕기,

충혜왕의 아들로 원나라 공주인 덕녕공주의 소생 여덟 살 왕흔,

역시 충혜왕의 아들로 희비 윤씨의 소생인 일곱 살 왕저다.

왕저는 아니고.

전왕의 동생 강릉대군이냐 전왕의 큰 아들 왕흔이냐지.

우리 고려의 전통으로 보면 동생인 강릉대군이 우선 순위인데…

원나라 공주의 소생이니 전왕의 큰아들이 잇지 않을까?

충혜왕의 황음무도를 고발하면서 폐위를 주도한 인물로 기철이 있다.

기철의 힘의 원천은 그의 여동생 기황후였다.

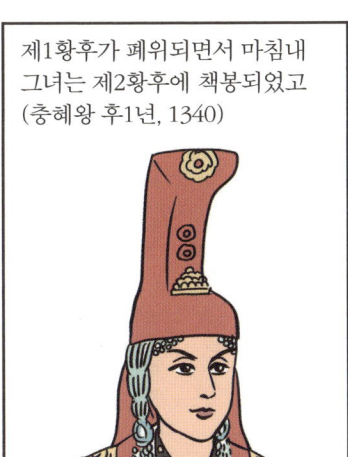

충목왕 3년(1347), 황제의 지시하에 본격적인 개혁이 시작되었다.

정치도감을(整治都監) 설치하노라!

우정승 왕후와 좌정승 김영돈 등 네 명을 판사로 하고 정치관 34인을 둔 개혁 조직이 출범했다.

整治都監

중심인물인 왕후의 본명은 권재, 과거 원에서 충선왕을 만나고선 왕후란 이름을 얻었다.

맘에 든다. 이제부터 넌 내 아들이다. 성명도 왕후로 바꾸고.

이런 사연이 있어 충숙왕 시절 사람들은 그를 왕제라 불렀다.

왕제(王弟), 왕의 동생!

충선왕이 토번으로 유배될 땐 이렇게 울부짖었고,

안 됩니다. 차라리 신을 전하 대신 보내주소서~

풀려날 때도 가장 먼저 달려가 소식을 전하고 모셔 왔다.

제1장 허약한 왕좌 53

원은 또다시 어린 왕을 선택했다.

"왕저를 입조시켜라."

물론 왕저의 계승을 바라는 세력이 벌인 치밀한 로비의 결과일 것이다.

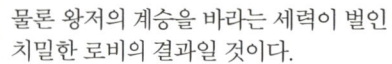

왕저는 원에 들어가 후계로 확정받고 돌아와 즉위했다. 고려 제30대 임금 충정왕이다.

충정왕이 즉위하자마자 고려는 왜구의 침탈 시대를 맞이한다.

충정왕 2년(1350) 2월 고성, 거제 지역을 침구한 게 그 시작이었다.

4월에는 왜선 100척이 순천부를 침구해 조운선을 약탈했고, 이후 합포(마산), 장흥, 동래 등지를 약탈했다.

시학관의 옷에 먹물을 뿌리는 장난을 치기도 했고

여자와 함께 가는 이를 보면 비록 재상일지라도 마구 때리곤 했다.

한겨울 꽁꽁 언 밥을 얼음물에 말아 먹도록 강요하는 등의 막된 행동도 보였다.

강화에서의 생활은 곤궁했다.

"생활에 필요한 물품도 부족하고"

"찾아오는 사람도 없고"

훌쩍

5개월 만에 독을 마시고(?) 죽었다.

사신의 평이다.

충목왕과 충정왕은 둘 다 어린 나이로 왕위에 오르는 바람에 덕녕공주와 희비가 모친임을 내세워 안에서 권력을 휘둘렀으며 간신과 외척 들이 밖에서 권세를 잡았으니 두 임금이 아무리 빼어난 천품을 가졌다 한들 무엇을 할 수 있었으랴.

또 충정왕대에는 왕의 숙부였던 강릉군(공민왕)이 나라 사람들의 신임을 받고 있었고 원나라가 그를 돕고 있었는데도 불구하고 관리들은 이러한 현실을 외면한 채 파당을 지어 탐욕을 부리다가 그것이 화근이 되어 결국 왕이 독살을 당하게 만들었으니 참으로 슬픈 일이라 하겠다.

제2장

공민왕의 개혁과 좌절

- 1349 공민왕, 노국대장공주와 혼인
- 1351 공민왕 즉위
- 홍건적의 난
- 1352 조일신의 난
- 1356 기철 세력 제거 및 정동행성 이문소 폐지
- 쌍성총관부 수복
- 1359 1차 홍건적 침입, 서경 함락(1360 수복)
- 1361 2차 홍건적 침입, 개경 함락(1362 수복)
- 납합출(나하추)의 침입
- 1363 김용의 난(흥왕사의 변)
- 1364 최유·덕흥군 군의 고려 침입
- 1365 노국대장공주 훙거
- 공민왕, 신돈 기용
- 1366 전민변정도감 설치
- 1367 성균관 복원
- 1371 신돈 처형
- 1374 공민왕 시해

◀ **공민왕릉**
서쪽이 공민왕의 현릉이고, 동쪽이 노국대장공주의 정릉이다. 두 무덤이 나란히 남쪽을 향하고 있다. 남아 있는 고려 왕릉 가운데 가장 규모가 크다. 개성시 개풍구역 해선리 소재.

조일신의 난

이제현을 통해 기강을 잡은 뒤 노국대장공주와 귀국해 즉위하니 고려 제31대 임금 공민왕이다. 즉위해 선포한 유지를 들어보자.

현재 나라의 상황은 쇠퇴의 길을 밟고 있고 풍속은 타락했으며 조정엔 부적절한 인사가 횡행하며 나라 재정은 고갈 상태다. 또한 이웃의 왜적들이 강토를 침구하고 하늘엔 재변이 나타나고 있으니…

근래 들어 측근 신하들이 임금의 눈과 귀를 가려 백성의 실정이 제대로 전달되지 못해 결국 임금을 그르치는 지경에 이르렀다. 대언(代言)들의 정기적인 건의와 각 관청의 보고는 내가 직접 들을 것이며 서연에 참가하는 문신들과 호위하는 무신들은 반드시 적합한 인물로 충당할 것이다…

가난한 백성으로부터 자녀를 사들인 자가 3년이 지나도 놓아보내지 않으면 감찰사와 안렴사가 철저히 조사해 형벌을 내리도록 하라. 전민의 송사가 나날이 늘어나고 있으니 담당 관리들은 먼저 전민을 자기 소유라고 허위로 고집하는 자를 적발해 공정한 판결을 내리고 거짓으로 고소한 자는 되레 그를 처벌하라…

왜적이 변방을 침구해 인명을 잔혹하게 살상하고 민가를 불지르며 세미를 수송하는 조운선을 약탈하고 있는데 이는 수비군이 균율이 서지 않고 평소 적을 막을 전략이 세워져 있지 않기 때문이다. 적을 막을 계책을 갖고 있는 사람이면 누구든지 조목별로 건의하도록 허용할 것이며 우수한 건의는 채택해 시행하고 포상할 것이다. 전투에서 공을 세운 사람에겐 관작을 올려주며… 관청에서는 왜적으로부터 노략질을 당한 지역의 피해 정도를 조사해 부역과 조세를 삭감해 주고 군무를 이탈한 군인은 처벌하며…

정세 인식도 제대로 하고 계시고

개혁 의지도 분명해 보이네.

곧바로 정방을 폐지했고

제2장 공민왕의 개혁과 좌절 67

문무 관원에게 활과 화살, 검과 창을 갖추게 한 후 사열함으로써 관리들의 기강을 잡았다.

그러나 왕의 개혁 노력은 곧 벽에 부딪혔다.

"전하께서 환국하실 때 상국의 권신과 총애받는 신하들 가운데 우리나라와 인척 관계에 있는 사람들이 자기들의 친족에게 벼슬을 달라고 전하께도 청한 바 있고 신에게도 부탁한 바 있나이다."

"그런데 지금은 전리사와 군부사가 문무관의 선발을 관장하는데 그들은 법조문에 구애되어 일을 지체시킬 것이오니 정방을 설치해 전하께서 직접 벼슬을 내리소서."

"정방을 설치하라?"

"옛 제도를 회복한 지 얼마 되지도 않아 또 바꾸면 비웃음을 사지 않겠는가?"

공민왕 시대의
반원 자주 개혁

왕이 책봉되어 고려에 돌아와 얼마 지나지 않았을 때
전하!

한 신하가 아뢰었다.
머리를 깎고 호복을 입는 것은 선왕의 제도가 아니니 본받지 마소서.

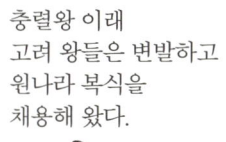

충렬왕 이래 고려 왕들은 변발하고 원나라 복식을 채용해 왔다.

쿠빌라이의 명이 있어서
고려는 풍습을 유지해도 좋다.

말단 신하들까지 일률적으로 적용하지는 않았지만
….

왕 이하 주요 신하들은 그동안 몽골식 복장과 변발을 따랐을 것으로 보인다. 그런 면에서 신하의 제안은 다소 뜬금없어 보이기도 하는데
갑자기?
전하의 눈길을 끌어보려는 발언 아녀?

제2장 공민왕의 개혁과 좌절 75

왕의 대답이 뜻밖이다.

참으로 옳은 소리다. 내 따르겠다.

그러곤 그날로 변발을 풀었다.

제안한 신하도 왕도 격변하는 기류를 읽고 있었던 것이다.

以心 傳心

이즈음 원에선 흉년과 전염병으로 피지배 민족인 한족의 불만이 커져가고 있었고 왕이 즉위하던 해에 이미 백련교도 중심의 반란이 터져 나왔다(홍건적의 난).

홍건적 혹은 홍두적이라 불린다지.

어쩌면 원이 공민왕으로 고려 왕을 전격 교체한 가장 큰 이유가 이 반란에 있다 할 것이다.

고려라도 안정시켜 둬야 여차하면 도움을 얻지.

그러려면 철부지 어린 왕으론 안 돼.

왕은 원나라의 간섭을 배제한 독립된 고려를 꿈꾼다.

영원한 건 없는 법. 원도 이제 저무는 길로 들어섰어.

사신이 들고온 원 황제의 조서 내용이다.

(3참을 격파한 일에 대해) 국경을 침범한 무리를 이미 처단했다는 보고를 받았다.

또한 기철의 변란이 갑자기 일어나 평정하기에 급급해 미쳐 보고하지 못했다고 알려왔다… 창졸간에 벌어진 일이라 보고할 틈이 없었다 해도 사건이 평정된 뒤에 어째서 아리지 않았는가?

그러나 이미 지나간 일이고 게다가 죄를 뉘우치고 솔직히 말해왔으므로 특별히 용서하노라.

자신을 얻은 왕은 이인복을 보내 고려 측의 요구사항을 전한다.

1. 근래에 행성의 관리들이 모두 궁인이나 환관과 결탁해 관직에 앉아 멋대로 상벌을 내리는 등 국왕의 권한을 침범하고 있나이다. 금후로 정동행성 관리의 인사권을 제게 부여하시고 이문소 등의 판사를 일체 폐지해 주소서.

2. 합포, 전라, 탐라, 서경 등의 만호부엔 거느린 군사 없이 금부(金符)만을 차고 황제의 명이라며 각 고을들이 평민들을 징발하지 못하게 하는 등 폐단을 일으키니 대거 폐지해 주소서.

제2장 공민왕의 개혁과 좌절 85

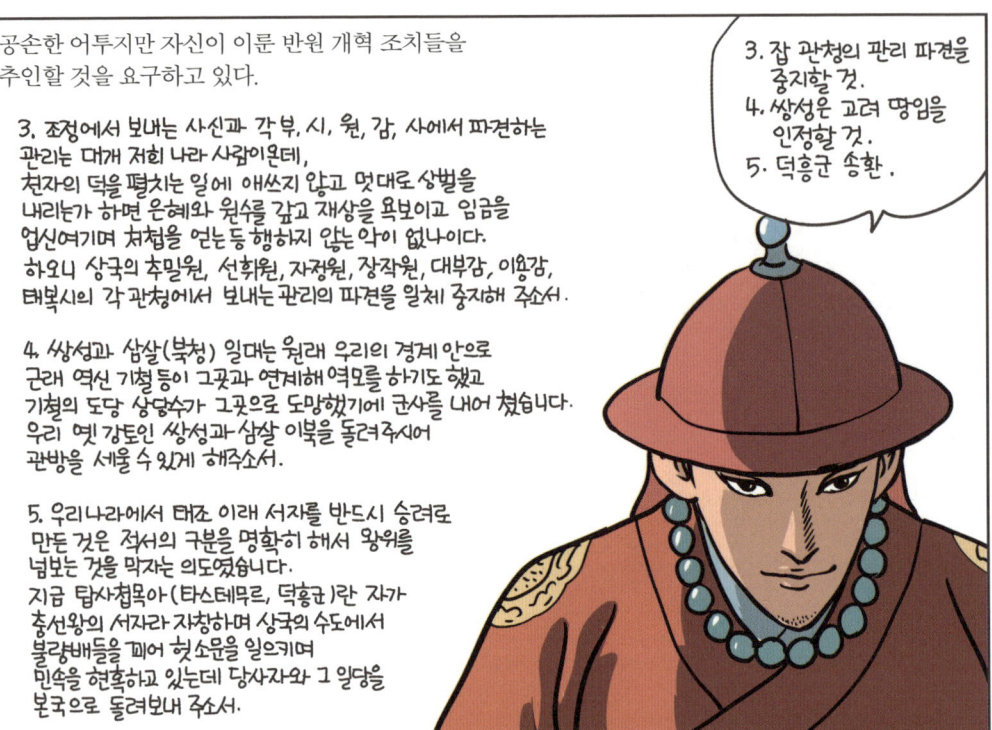

공손한 어투지만 자신이 이룬 반원 개혁 조치들을 추인할 것을 요구하고 있다.

3. 조정에서 보내는 사신과 각 부, 시, 원, 감, 사에서 파견하는 관리는 대개 저희 나라 사람이온데, 천자의 덕을 펼치는 일에 애쓰지 않고 멋대로 상벌을 내리는가 하면 은혜와 원수를 갚고 재상을 욕보이고 임금을 업신여기며 처첩을 얻는 등 행하지 않는 악이 없나이다. 하오니 상국의 추밀원, 선휘원, 자정원, 장작원, 대부감, 이용감, 태복시의 각 관청에서 보내는 관리의 파견을 일체 중지해 주소서.

4. 쌍성과 삼살(북청) 일대는 원래 우리의 경계 안으로 근래 역신 기철 등이 그곳과 연계해 역모를 하기도 했고 기철의 도당 상당수가 그곳으로 도망했기에 군사를 내어 쳤습니다. 우리 옛 강토인 쌍성과 삼살 이북을 돌려주시어 관방을 세울 수 있게 해주소서.

5. 우리나라에서 태조 이래 서자를 반드시 승려로 만든 것은 적서의 구분을 명확히 해서 왕위를 넘보는 것을 막자는 의도였습니다. 지금 탑사첩목아(타스테무르, 덕흥군)란 자가 충선왕의 서자라 자칭하며 상국의 수도에서 불량배들을 꾀어 헛소문을 일으키며 민속을 현혹하고 있는데 당사자와 그 일당을 본국으로 돌려보내 주소서.

3. 잡 관청의 관리 파견을 중지할 것.
4. 쌍성은 고려 땅임을 인정할 것.
5. 덕흥군 송환.

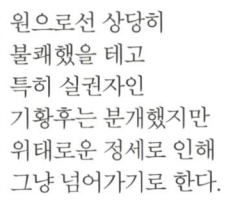

원으로선 상당히 불쾌했을 테고 특히 실권자인 기황후는 분개했지만 위태로운 정세로 인해 그냥 넘어가기로 한다.

바얀테무르(공민왕) 이 고얀 놈…

하지만 어쩌누? 나와 황태자를 노린 권력 투쟁에다 한족의 반란까지 날로 커져가니

이럴 때 고려까지 적으로 돌렸다간 골치 아파.

대륙의 정세 변화를 활용한 왕의 자주화 노력은 절묘했다.

그러나 안팎이 모두 왕을 받쳐주지 않았다.

꼬리에 꼬리를 무는 외침

왕의 말마따나 이즈음 고려는 숱한 외침과 마주한다. 충정왕 시절부터 본격화된 왜구의 침탈은

갈수록 그 강도를 더해갔다. 남해안 일대를 벗어나 충청도와 경기도 해안 일대까지 출몰하면서 약탈을 행했다.

공민왕 4년엔 전라도 조운선 200척을 약탈했고

공민왕 6년엔 개경 코앞인 승천부 흥천사를 공격해 충선왕과 계국대장공주의 영정을 탈취해 갔다.

조운 체계가 무너지고 개경까지 위협받아 나라의 근간이 흔들리는 상황, 나름의 대응책을 내놓는데

해안의 창고들을 내륙으로 옮기고 개경의 외성을 구축하라!

최영을 양광전라도 체복사로 삼으니 왜적을 막아내지 못한 자들을 군법으로 다스리도록 하라!

또 다른 강력한 위험이 북쪽에서 다가오고 있었다.

으르르…

원나라 타도의 기치를 내걸고 일어선 한족 반란 세력인 홍건적,

제2장 공민왕의 개혁과 좌절 91

김용의 난, 최유의 공작

조일신이 제거되고 나서 왕의 최측근 중에 왕의 총애를 다툰 인물로 김용과 정세운이 있다.

왕을 호종한 공로로 일등공신이 된 김용은 조일신이 난을 일으켜 왕을 숙위하던 이들을 모두 죽일 때 유일하게 살아남아 의심을 샀다.

"나 역시 의심스럽다. 옛 공을 생각해 유배 보내는 것으로 그치니 그리 알라."

"그치만 이내 사면받고 컴백했지롱~"

판밀직사사 신귀란 이가 지방으로 좌천되어 내려간 사이 그의 부인이

여러 대신과 정을 통했는데 김용도 그중 한 사람이었다.

"외로워~"

신귀의 모친이 이를 고발하면서 관련자들이 모두 국문을 받았지만, 김용만은 홀로 모면했다.

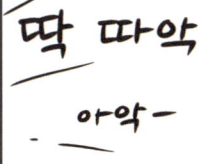

"딱 따악 -아악-"

"이만한 일로 나 같은 일등공신이 국문받을 수야 없잖아."

권세를 이용해 뇌물을 받아 치부에 힘쓰는 등 문제가 많았지만

변함없이 왕의 총애를 받아 홍건적의 2차 침공 시엔 총병관을 맡았다.

정세운 역시 왕을 호종한 공으로 일등공신이 된 인물.

홍건적 1차 침공 시 서북면도순무사로 전황을 돌아보고 와서 이렇게 건의했다.

"적들이 서경에 들어가 땔감을 저장하고 성을 수리하는 것으로 보아 개경으로 쳐들어올 생각은 없는 듯하니 백성을 놀라게 하지 말고 안심하소서."

2차 침공 시에는 왕을 호종하며 여러 차례 다음과 같이 청했다.

"책임을 통감한다는 교서를 내려 인심을 달래시고 사자를 보내 여러 도의 군사를 독려해 적들을 토벌하게 하소서."

정세운을 신뢰한 왕은

"청렴하고 충성스러우며 적을 칠 생각에 여념이 없어."

그의 의견을 받아들였을 뿐 아니라 새 총병관으로 삼았다.

"이제 적을 치게 하려는 바, 정세운에게 지휘권을 부여하노니 가서 군사들을 통솔하면서 명령에 순종하는 군사들과 거역하는 군사들을 구별해 상과 벌을 내려라. 만일 통제를 고의로 위반하거나 위계를 넘어 내게 직접 보고하는 자는 군법에 따라 처리하는 것을 허용한다."

제2장 공민왕의 개혁과 좌절 97

제2장 공민왕의 개혁과 좌절

충애를 다투던 정세운을 죽이기 위한 김용의 작전은 그렇게 공이 큰 세 원수의 목숨까지 앗아가고 마무리되었다.

원수들 끌 좋다~

내막을 아는 이들도 없으니 깔끔한 작전 성공이지? 세 원수에게 내 뜻을 전한 조카 녀석도 벌써 처리했거든ㅋ

피난지에서 돌아온 왕은 궁궐이 대거 파괴되어 흥왕사에 머물기로 했다.

이 사이 김용은 찬성사에 오르고 다시 순군제조에 임명되어 치안을 책임지게 되었다.

흥왕사에 머무른 지 두 달도 못 된 공민왕 12년(1363) 윤3월, 무장한 50여 명이 문지기를 죽이고 경내로 쳐들어와

황제의 명을 받들고 왔다~

곧장 왕의 침전을 향해 내달렸다.

비켯! 흑

제2장 공민왕의 개혁과 좌절

고려의 중앙군도 정주로 몰려들었고

이성계를 선봉으로 하여 맹렬히 공격하자 최유가 이끄는 원나라군은 무너졌다.

애초 몽골과 한족 병사들로 이루어진 원나라 군사들은 최유의 사탕발림에 속아서 왔다가

"고려군은 왕이 협박해 지키게 한 것이어서 새 왕이 왔다는 소식을 들으면 싸우지도 않고 흩어질 거라더군."

"일이 성사되면 고려 재상 이하 관리들의 가산을 상으로 주겠대."

고려군의 강력한 대응에 전의를 상실하고 만 것.

"뭐야? 죽기살기로 싸우잖아."

"튀자. 고려 땅의 귀신이 되고 싶진 않다구."

원나라 군사들은 앞다퉈 도망해 버리고

최유는 고작 17기(騎)만 데리고 연경으로 돌아가야 했다.

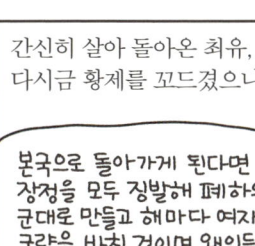

신돈의 개혁

실로 숨 가쁜 나날이 아니었던가.

공민왕 1년 9월 조일신의 난
3년 7월 원나라 파병
5년 5월 기철 등 제거
5년 7월 쌍성총관부 수복
8년 12월 홍건적 1차 침입
9년 2월 홍건적 격퇴
10년 10월 홍건적 2차 침입
11년 1월 홍건적 패퇴
　　　　　정세운 살해
11년 7월 납합출 격퇴
12년 윤3월 흥왕사의 변
12년 4월 김용 처형
13년 1월 최유와 원나라 군대 침공
13년 11월 최유 처형

이밖에도 왜구의 침공이 계속됐고 독로강 만호 박의의 반란(공민 10) 삼선·삼개의 난 (공민 13) 등등이… 흘쩍~

그동안 변함없이 왕에게 믿음을 주고 의지가 되어준 이는 단 한 사람, 부인 노국대장공주였다.

충정왕 1년(1349)에 원에서 숙위 생활을 하고 있던 왕과 결혼했고

왕이 고려 왕에 책봉되면서 고려에 왔다.

왕이 자신의 고국인 원과 척지는 반원 정책을 펼 때도

외침으로 인해 피난 생활을 할 때도

측근의 반란으로 왕이 위기에 처할 때도 공주는 언제나 왕과 함께했고 앞장서서 왕을 지켰다.

그런 공주였다.

공주는 내게 부인이자 연인이요 제일 가까운 친구이자 믿을 수 있는 동지입니다.

다만 한 가지 아쉬움이라면 오래도록 아이가 생기지 않는다는 것인데

부처님께 비나이다. 부디…

기도의 정성이 통했는지 배가 불러왔다.

그런데…

공주 전하께서 출산하시다가…… 아기와 함께 그만… 세상을 뜨셨나이다.

공민왕 14년(1365) 2월이었다.

성균관이 복원되고 이색이 성균관장 격인 대사성으로, 정몽주, 김구용, 이숭인 등 명망 있는 유학자들이 학관으로 임명되었다.

성균관은 성리학으로 무장한 신진 유학자들을 길러냈다.

우린 선배 유학자들과는 달라.

근데 어째 백성들과 달리 유생들 쪽에선 나에 대한 고마움과 찬탄의 소리가 들려오질 않네.

무엇보다도 불교를 단호히 배척하걸랑. 신돈은 그래봐야 일개 중~

어느 해 팔관회가 열리던 날 신돈은 왕을 대신해서 백관의 조회를 받았다. 그의 권세가 어느 정도인지를 보여주는 장면이다.

처신 또한 역대 여느 권신과 다를 바 없었다.

신돈의 집이라지. 대궐이 따로 없네.

이런 집이 도성 안에 일곱 곳이나 있대.

파국

자신이 명해 압록강 너머를 공략하고 온 인당을 원나라가 항의하자 머리를 베어 보낼 때도 별 망설임이 보이지 않는다.

신돈이 역모를 꾸밀 때 외에도 《고려사》는 곳곳에 이런 구절을 심어놓았다.

왕은 시기심이 많고 성정이 잔인해 권세가 높아지면 반드시 제거하고

왕은 시기심이 많아 공신 가운데 온전히 살아 있는 사람이 드물어.

그런데 기록상 권세가 높아져 제거한 사례는 보이지 않는다.

역모를 꾀하다 제거된 사례들만 있지…

그래서 이런 의문들이 피어난다.

조일신의 난이 좀 이상하지 않아? 처음 시작은 기철 등을 제거하려 하면서 시작했잖아. 기철 제거는 왕의 기본 구상이었거든.

조일신으로 하여 기철을 제거하게 했는데 실패하고 또 다른 권신이 된 조일신을 제거한 건가?

김용의 경우도 이상하지. 홍건적 제거로 떠오른 정세운을 죽이라고 한 건 진짜였을 수도.

김용을 이용해 정세운 등을 죽이고 김용까지 제거하려 하자 김용이 반란을 도모했다?

신돈이 갑자기 왕을 시해하려 한 것도 이상해.

적어도 신뢰와 엄정한 상벌로 신하들을 대하지 않았고

신하들도 군신 관계란 당위를 넘어 존경과 믿음으로 왕에게 충성하진 않았다.

왕이 아무런 의심 없이 온전하게 믿었던 단 한 사람, 노국대장공주.

공주가 죽고 나서도 왕은 공주에게서 벗어나지 못했다.

정사는 신돈에게 고스란히 맡겨두고

자신은 공주에 대한 추모 사업에 전념했다. 직접 초상화를 그려선 살아 있는 양 대했고

자~ 공주! 한잔 쭉~ 드세요.

3년간 고기반찬을 끊었다.

공주를 추모하기 위한 영전(影殿) 건설 사업에 쏟은 정성은 거의 병적이었다. 관련한 기록이다.

공민왕 14년(1365)에 노국공주가 죽자 왕은 이듬해 영전을 왕륜사 경내에 지을 것을 명했다. 그러나 완공한 지 2년 만에 군중 3천 명을 수용할 수 없다는 이유로 마암으로 옮겨 다시 짓게 하여 공민왕 19년(1370)에 완공을 보았으나 3층의 상량이 떨어져 인부 26명이 압사하는 사고가 생기자 …… 다시 왕륜사 옛 터에 영전을 중수하고 인희전이라 하였다.

이날 밤 최만생은 자제위로 달려가 왕의 뜻을 알렸다.

죽음의 절벽으로 내몰린 이들은

왕을 시해하는 것으로 답했다.
공민왕 23년(1374)
9월의 일이다.

왕의 나이 45세였다.

왕이 즉위하기 전에는 총명하고 인후하여 백성의 마음이 모두 그에게 쏠렸다.
왕위에 올라 정성을 다해 정치에 힘쓰므로 조정과 민간에서 크게 기뻐하여 태평 시대가 오기를 기대했다.
그러나 노국공주가 세상을 떠난 후론 지나치게 슬퍼하여 본심을 잃고 신돈에게 정사를 맡기는 바람에 공신과 현신이 참살되거나 내쫓겼으며 토목의 역사를 크게 일으켜 백성의 원망을 샀다.
못된 젊은이들을 가까이하여 음란한 행동을 방자히 하였고 무시로 술주정을 부리며 좌우의 신하들을 때리기도 했다.

또한 후사가 없음을 걱정해 다른 사람의 아이를 데려다가 책봉하여 대군으로 삼았다.
외인이 이를 믿지 않을까 염려해 비밀히 폐신으로 하여금 후궁과 관계하여 더럽히게 했으며 후궁이 임신하게 되자 관계한 사람을 죽여 입을 막으려고 했다.
패륜적 행동이 이와 같고도 화를 면하고자 한들 어찌 피할 수 있었겠는가.

제3장

우왕과 권문세족

- **1368** 공민왕, 원과 수교 단절·명과 수교
- **1373** 모니노(왕우), 강녕부원대군에 봉작
- **1374** 제주 목호의 난
  - 공민왕 시해, 우왕 즉위
  - 김의, 명 사신 살해 후 북원으로 도주
- **1376** 북원과 수교 재개
  - 최영, 왜구 정벌(홍산전투)
- **1377** 지윤의 난
  - 최무선, 화약 무기 제작(화통도감 설치)
- **1379** 유모 장씨 사건
- **1380** 명덕태후 훙거
  - 최무선, 왜구 격파(진포해전)
  - 이성계, 왜구 격파(황산전투)
- **1385** 명나라식 관복 채용
- **1388** 조반의 옥사, 임견미·염흥방 등 처형, 이인임 사망

◀ **최영 장군 사당**
공민왕 때 제주도에서 일어난 반란을 진압하고 주민들을 도운 고려 명장 최영 장군을 기리는 사당이다.
제주특별자치도 제주시 소재.

모니노, 어린 우왕

임금 시해라는 어마어마한 일을 저지른 그들은 죄를 모면할 방법으로 이렇게 소리쳤다.

위사들은 겁을 먹고 움직이지 않았고

소식을 전해 들은 재상과 백관 들도 달려오지 않았다.

날이 밝고 수시중 이인임이 들어와 조사에 들어갔고

최만생의 옷깃에 묻은 핏자국을 보고 심문하니

이내 진상이 드러났다.

제3장 우왕과 권문세족

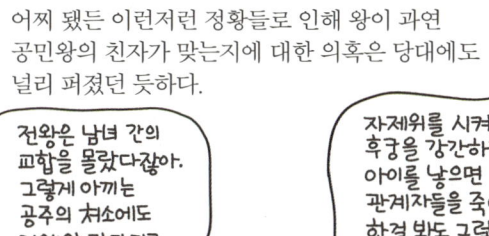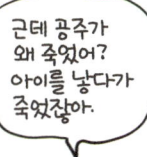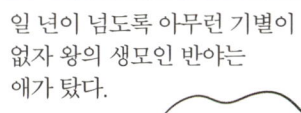

● 위징(魏徵): 직간(直諫)으로 이름 높은 당나라 대신으로, 그와 당 태종의 대화가 《정관정요》에 실려 있다.

권신들의 경쟁

이 시기 권력의 중심은 단연 이인임이었다.

영리한 처세로 신돈 시절에도 잘나갔던 그는

공민왕 말기 수시중이 되었고 우왕 책봉에 결정적 역할을 했다.

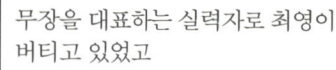

무장을 대표하는 실력자로 최영이 버티고 있었고

임견미, 경복흥 등도 나름의 존재감이 있었지만

참 내 예전 이름은 경천흥이라네. 신돈을 몰아내려 했던.

이인임과 더불어 지윤이 우왕 초기의 국정을 주도했다.

다들 군말 없이 잘 따라오는데 김속명이 그자가 영 삐딱합니다.

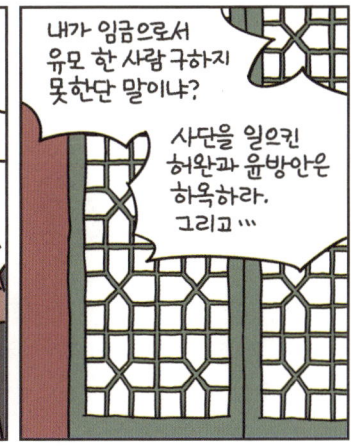

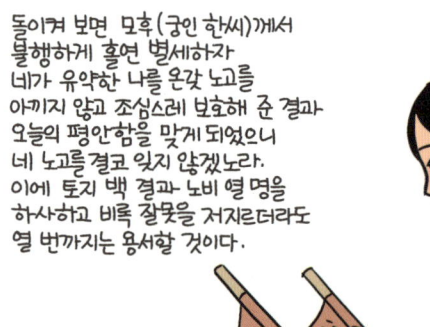

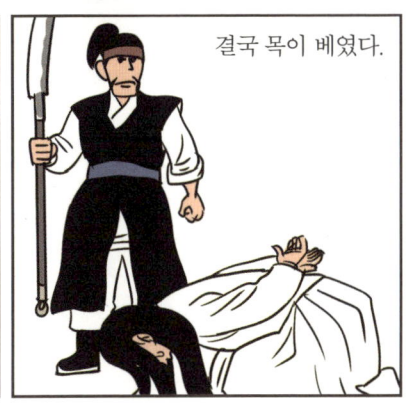

툭하면 민가 골목길에서 개와 닭을 사냥했고

길가에서 미녀를 만나면

민가로 끌고 들어가 간음했다.
이 모든 행각이 장씨가 죽고 태후가 죽은 우왕 6년(1380)에 시작한 일들이다.

유모 장씨를 내쫓을 때 확인한 권신들의 힘과 자신의 무력함 때문일까,

질풍노도의 사춘기가 찾아온 때문일까.

명과 북원 사이에서

그런데 이때 공민왕이 요동 일대로의 영토 확장을 생각한 것은 아니었던 모양이다.

일대의 북원 세력을 평정하는 것으로 족해.

단지 요동 일대 백성의 귀부에만 적극적인 모습을 보였다. 강계만호부에 지시해 압록강 너머에 붙인 방이다.

요심(遼瀋)은 본래 우리나라 땅으로 압록강을 건너와 우리 백성이 되기를 원하는 자는 양식과 종자를 주어 생업에 안착하게 해주겠노라.
　　　　　　　　　　고려 국왕

명 태조 홍무제는 고려가 요동으로 세력을 확장하는 것을 꺼렸다.

고려가 요동에 세력을 구축했다간 북원이나 혹은 만주의 골치덩이 납합출과 손잡을 우려가 커져.

그래서 하는 말인데 고려 사신은 요동을 통해서 오지 말고 바다를 통해서만 오도록 한다.

그렇다고 고려가 우리에게 등을 돌리게 해선 안 되지.

홍무제는 대통력*과 왕의 관, 조복, 제복, 악기 등을 하사했다.

고려는 명나라 연호인 홍무를 쓰는 것으로 답했다.

홍무 연호를 쓴다는 의미는 명에 대한 사대를 분명히 한 것.

그랬음에도 이후 고려는 홍무제의 의심과 트집을 계속 마주해야 했다.

● 대통력: 명나라 때 사용한 역법. 공민왕 19년에 홍무 3년으로 반포해 조선 효종 4년(1653) 시헌력을 채용할 때까지 사용했다.

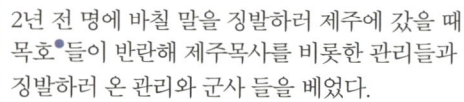

● 목호(牧胡): 삼별초의 난 진압 후 원나라가 제주에 목마장을 만들고 그 관리를 위해 파견한 몽골인.

최영이 이끄는 2만 5,600여 명의 토벌군은 제주 명월포에 상륙해 1,000여 명의 반란군을 평정했다.

사신들은 평정 소식이 전해진 직후 귀국길에 올랐고 밀직부사 김의가 호위 겸 말 300필의 수송을 맡았다.

고려에 들어와 있을 때도 온갖 갑질을 해댔던 사신 채빈,

돌아가는 도중에 김의를 어지간히 괴롭힌 모양이다.

압록강 지나 개주참에 이르러 김의는 채빈과 그의 아들을 죽이고

사신 임밀을 사로잡아 호위병과 함께 말들을 이끌고 북원으로 도주해 버린다.

성균관 대사성 정몽주 등이 글을 올려 질타했다.

"…삼가 듣건대 조서를 보내 우리에게 대역죄를 씌우고 이제 와서 용서하는 체했는데 우리에게 보래 죄가 없거늘 무엇을 용서한단 말입니까? 명 조정에서 김의의 일을 듣고 우릴 의심했을 것인데 원과 통하면서 김의의 죄를 묻지도 않으니 만일 명나라에서 군사를 일으켜 바다와 육지에서 동시에 진격해 온다면 어찌할 것입니까?…

엎드려 바라옵건데 주상께서 결단하시어 원 사신을 잡고 원 조서를 거두며 김의 사건과 연루된 자를 묶어서 남경에 보내면 우리의 애매한 죄가 저절로 밝혀질 것이옵니다."

간관 이첨과 전백영은 이인임을 바로 겨누었다.

"시중 이인임이 몰래 김의와 공모해 명 사신을 죽이고도 죄를 면했으니 사람들이 이를 갈고 마음 아파합니다. 명나라 정료위 사람을 마음대로 죽인 오계남과 김의가 사신을 죽인 일을 정료위에 고하지 않은 장자온을 국문하지 않은 게 첫 번째 죄요… 두 번째 죄요… 세 번째 죄요… 인임 등의 목을 베고 계남과 자온의 죄를 다스려 기강을 진작시키소서."

이인임에게 아부하는 글이 올라오자

"간관이 재상을 논핵하는 것은 작은 일이 아니니 명백히 판별해야 하옵니다."

"그렇지!"

이인임에 반한 이들에 대한 혹독한 국문이 행해졌고

대대적인 처벌이 뒤따랐다.

"이첨, 전백영 등 5인은 곤장을 쳐 유배하고 정몽주, 김구용, 이숭인 등 십수 명은 유배하라!"

전쟁 영웅 최영과 이성계

최무선이 승리를 거둔 그해, 이성계는 운봉(남원)에서 크게 승리해 내륙에 진출한 왜구의 기세를 꺾었다(황산전투).

우왕 9년(1383)에는 해도원수 정지가 남해에서 적선 120척을 상대로 싸워 17척을 불태우는 등 크게 승리했다.

우왕 11년(1385)에는 적선 150척이 함주, 북청 일대를 침략해 심덕부 등 여러 장수가 출전했으나 패배하자

이성계가 자청해 출전하여 승리했다.

왜구의 침공만이 아니라 홍건적의 침입부터 시작한 숱한 외부의 침공을 겪으면서 백성들은 자연스레 두 전쟁 영웅을 알게 되었다. 최영과 이성계.

최영 정권이 서다

홍무제의 협박이 이어지고 온 나라가 왜구의 침탈로 신음하고 있었지만

재위 6년부터 시작된 우왕의 탈선 행보는 갈수록 도를 더해갔다.

"하루에 스무 마리를 때려죽인 게 최고 기록이지."

"거리에서의 개 사냥이 엄청 재밌어."

툭하면 궐을 나와 환관, 기생 들과 거리를 쏘다녔다.

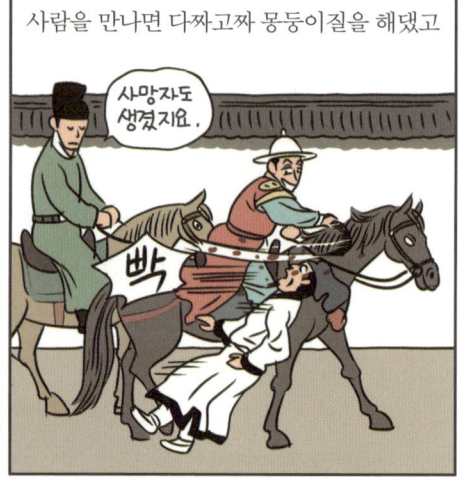

사람을 만나면 다짜고짜 몽둥이질을 해댔고

"사망자도 생겼지요."

하루는 어떤 이가 말을 달려 자신을 지나쳐 가자

"저놈 잡아와."

이렇게 해버렸다.

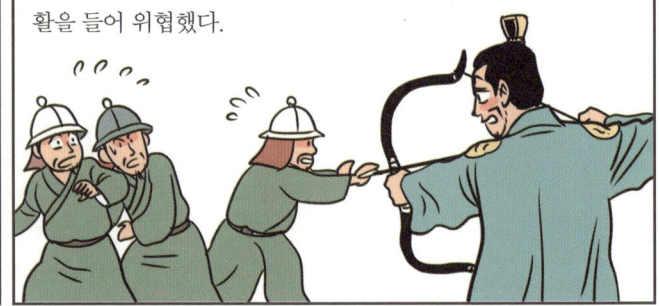

왕이 새벽에 놀러 나가 백관이 소재를 알지 못해 조회를 취소한 일이 있었다.

간관들이 번갈아 글을 올려 간하자

··· 이웃나라에선 전쟁을 일으킬 조짐을 보이고 왜적이 내륙 깊이까지 침구해 첩자가 횡행하니 무슨 변란이 일어날지 심히 우려되옵니다. 이러한데도 ··· 환관과 내수* 및 효균사와 마부 들이 아첨하는 말로 예에 어긋난 길로 전하를 인도해 나들이하게 하여 사람들로부터 신망을 잃게 하니 불충함이 이보다 심할 수 없나이다. 관련자들을 엄히 다스려 후세에 경계가 되게 하소서.

왕은 환관을 군졸로 충당하고 내수를 쫓아내는 등 조치해야 했다.

그러나 왕은 기본적으로 대간들의 비판을 싫어했고

대간들도 웬만해선 입을 다물었다.

우왕 11년(1385) 대간들의 입을 더욱 닫게 하는 일이 있었다.

대간에서 올린 상소이옵니다.

사냥을 중지하란 얘기네.

시국이 한창 위태롭고 어지러운데 이자들은 나더러 말타기도 익히지 말라니 이보다 더한 불충이 있겠는가?

● 내수(內豎): 궁중의 대수롭지 않은 벼슬아치.

엄하게 징계해야 한다고 보는데 재상들께선 어찌 생각하십니까?

......

이후 간관의 이름을 써놓고서 이렇게 말하니 병을 핑계로 사직하는 간관이 속출했다.

이런 자들을 시켜 왜적을 막도록 해야.

권신 중심의 재상들은 애당초 비판을 삼갔고

뭐 왕이 그 정도야 누릴 수 있지.

우리의 권력을 건들지만 않는다면

각 도의 원수들은 앞다퉈 매와 사냥개를 바쳐 환심을 사려 했다.

그런데 최영은 달랐다.

충혜왕께선 여색을 좋아했으나 밤에만 즐겨 남의 이목을 피했고 충숙왕께선 놀러 다니길 좋아했으나 농사철을 피해 백성의 원망을 사지 않았습니다. 전하께선 절도 없이 노시다가 낙마해 몸을 상하셨는데 재상으로 있으면서 제대로 바로잡지 못했으니 신이 무슨 면목으로 남들을 대하겠나이까?

토지를 하사하자 사양하고 도리어 자신의 곡식을 내놓아 군량에 보탰다.

역시 우리 장군님~

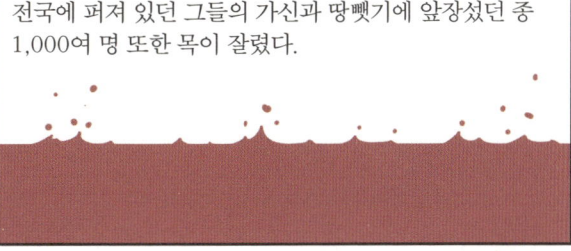

이인복은 동생 이인임, 이인민의 사람됨을 싫어해 이렇게 말했더랬는데 실제 그대로 되었다.

"나라와 집안을 패망시킬 자는 저 두 아우일 게야."

과거 급제자인 형과 달리 급제하지 못해 음서로 시작했으나

남다른 수완과 사람 대하는 솜씨로 당대 제일의 권력자가 되었던 이인임은

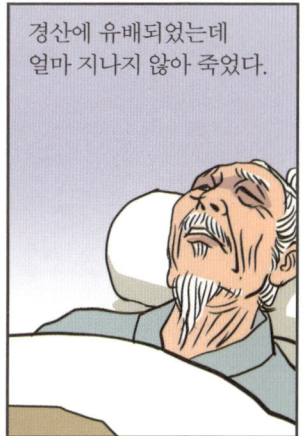

경산에 유배되었는데 얼마 지나지 않아 죽었다.

어쨌든 정사는 제쳐두고 향락 일변도의 삶을 살아왔던 왕은 최영의 힘을 빌려 친위 쿠데타를 멋지게 성공시킴으로써 왕다운 왕이 될 수 있는 환경을 마련했다.

하지만 낯선 권력 앞에서 그는 모든 것을 최영에게 의지했다.

"나는 경만 믿소"

제4장

역성혁명

1388	최영, 요동 정벌
	이성계, 위화도 회군
	우왕 폐위, 창왕 즉위
	최영 처형
1389	우왕 복위 사건
	창왕 폐위, 공양왕 즉위
	우왕·창왕 처형
1390	윤이·이초 사건
1391	과전법 실시
1392	정몽주 피살
	공양왕 폐위, 고려 멸망
	이성계 즉위, 조선 건국

◀ **정몽주 표충비**
정몽주의 충절을 기려 세운 비석으로 그의 사적이 새겨져 있다. 비각 안의 두 개의 비 중 오른쪽 비는 1740년 영조가, 왼쪽 비는 1872년 고종이 세웠다. 개성시 소재.

혁명의 설계자 정도전

우왕 초기 친(북)원 정책에 반기를 들었다가 혹독한 문초를 당하고

죽음, 유배 등 고초를 겪어야 했던 이들.

이첨, 전백영 등 5인은 곤장을 쳐 유배하고 정몽주, 김구용, 이숭인 등 십수 명은 유배하라!

오늘날 신진사대부라 불리는 그들은 신돈이 중건한 성균관을 주무대로 하여 성장했다.

성리학으로 무장하고 친명 정책을 주창했던 그들은 오래지 않아 복귀했고

이후론 집권 세력과 맞서지 않았다.

뭐 집권 세력도 이젠 친명 정책으로 선회했으니…

이들 중 복귀하지 못한 인물이 있었으니 정도전이다.

관직 복귀는 허락되지 않았지만 몇 년 뒤 나도 형이 완화되어 거주지를 옮길 순 있게 되었지.

위화도 회군

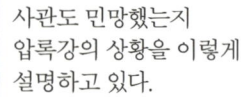

왕을 따라 개경으로 들어온 이는 50기 남짓.

급히 백관을 무장시키고 왕실 창고의 금과 비단을 내놓아 수천 명을 모았으나 오합지졸.

도성 밖 교외에 진지를 구축한 이성계 측은 최영을 제거해야 한다는 글을 올렸다.

말도 안 돼!

분개한 왕이 회군한 장수들을 회유하는 글을 내보냈다.

> 명에 따라 출정했으면서 진군하라는 지시를 위반한 데다 군사를 이끌고 대궐을 침범하려 하다니 이는 인륜을 어기는 것이다 …
> 조상으로부터 받은 강토를 어찌 쉽사리 남에게 내어줄 수 있단 말이냐? 차라리 군사를 내어 대항하는 것이 낫다고 생각했기에 행한 일인데 이제 와서 어찌 감히 어기는가?
> 경들이 최영을 지목해 이러쿵저러쿵 하지만 최영이 나를 보호해 주고 있다는 것은 그대들도 잘 알고 있는 사실이며, 나라를 위해 힘써 수고한 것 또한 경들이 잘 아는 사실이다.
> 이 글을 받아보는 즉시 망상을 버리고 개과천선해 끝까지 함께 부귀를 보존할 것을 생각하라.

그리고 거리엔 방을 붙였지만 호응이 없었다.

조민수, 이성계 등의 장수를 체포해 오는 이는 공사노비라 할지라도 높은 벼슬과 큰 상을 내릴 것이다.

대간의 처형 주장이
이어진 끝에
마침내 그해 말
집행되었다.

처형되는 순간에도 낯빛이나 말씨에 흔들림이 없었다.
향년 73세.

윤소종이 다음과
같은 평을 내려
회군 지지 세력의
공감을 얻었지만

공은 나라를
덮었지만
죄는 천지에
가득했지.

캬~
명언일세

일반 백성의
반응은 달랐다.
개경 상인들은
철시했고

소식을 들은 아낙네와 시골의 아이들까지
눈물을 흘렸다.

그렇게 왕은 영비 최씨, 명순옹주와 함께 강화로 떠나고

백관은 국새를 받들어 공민왕비인 정비 안씨에게 바쳤다.

폐가입진

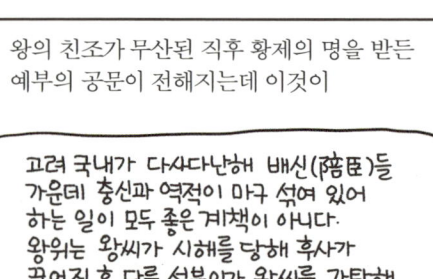

제4장 역성혁명 223

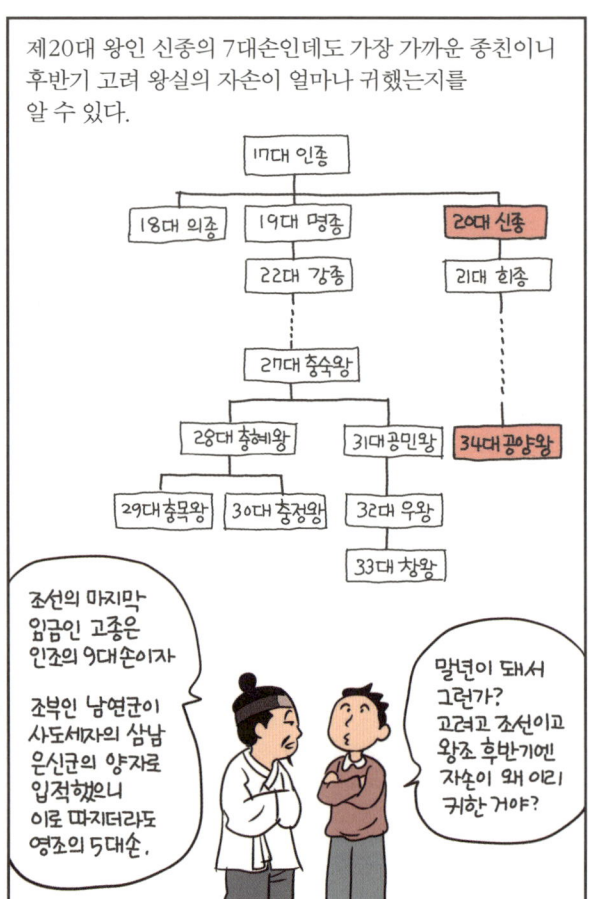

우왕은 강릉에서 참수되었다.

모호한 출생 서사를 안은 채 왕이 되어 방탕한 기질, 잔인성, 빼어난 손재주, 뜻밖의 용감성 등을 보여준 스물다섯 인생.

최영의 딸이자 우왕의 비인 영비는 열흘간 밤낮으로 울며 잘 때도 왕의 시신을 안고 잤다고 한다.

아이고오~
불쌍해라~
무섭기도 하고…

열 살의 어린 창왕은 강화에서 목이 잘렸다.

공양왕을 세운 이성계 측은 본격적으로 계획을 실행에 옮기기 시작했다.

개혁을 통해 민심을 얻고 기득권 세력의 경제적 기반을 무너뜨리는 한편

혁명의 잠재적 반대 세력을 제거한다!

이들이 가장 주목했고 회군 직후부터 추진한 일은 사전 개혁이었다.

개국 초엔 나라의 토지가 다 공전(公田)이어서 임금이 신하들에게 녹봉으로 수조권을 주었더랬소.

언젠가부터 모두 사전(私田)이 돼버리고 말았고 이로 인한 폐해가 실로 어마어마하오.

대사헌 조준이 상소해 이 문제를 제기했다(창왕 즉위년, 1388). 그의 상소 내용을 통해 문제가 얼마나 심각한지, 어떤 해결책을 갖고 있는지 살펴보자.

- 조종이 토지를 주고 회수하는 법이 무너지면서 겸병의 문이 열리니 재상이나 장수도 경작지를 얻지 못해 부모처자를 부양할 수 없는 형편.
- 겸병은 갈수록 심해져 주에 걸치고 군을 포괄하며 산과 하천을 경계로 삼아 모두 조상으로부터 물려받은 토지라 하니 불쌍한 백성은 흩어져 죽을 운명으로 내몰림.
- 태조께서 공정하게 토지를 나눠주신 법을 준수하고 훅인이 사사로이 주고받아 겸병하는 폐단을 고쳐야.
- 선비도 아니고 군사도 아니고 나랏일을 맡을 자도 아니면 토지를 주지 말 것이며 죽을 때까지 사사로이 주고받지 못하게 해야.
- 그리함으로써 백성으로 하여금 새로운 생활을 시작할 수 있게 하고 국가의 재용을 족하게 하며 민생을 후하게 하고 조정 신하를 후대하고 군사를 넉넉히 길러 주시길.

이색이 나서서 반대했고

우현보, 변안열 등 비 이성계 세력과 대토지 소유자들은 반대했다.

정몽주는 묵묵부답.

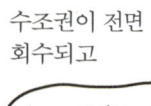
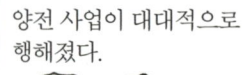

이성계 측은 즉각 반대 세력 제거에 나섰다. 집중 타격 대상은 이색.

이색은
- 이인임을 도와 신우를 세우고
- 조민수의 간사한 꾀에 찬동해 창을 세웠습니다.
- 그리고 적신 변안열이 이림, 김저, 정득후 등과 더불어 신우를 다시 맞이하려 하는 의논에 함께했습니다.
- 또한 이인임, 임견미 등의 잘못을 말하지 않았고 어린 자식들을 과거에 뽑아 요직에 늘어놓았으며
- 신우의 포악에도 그 허물을 눈감았습니다.

이색 부자의 죄를 다스려 불충한 자를 경계하소서.

앞서 이색의 아들 이종학은 측근들에게 이런 말을 했다.

현릉(공민왕)께서 이미 여흥왕(우왕)을 강릉군에 봉하고 천자께서도 작위를 내리셨는데 이성계는 어떤 사람이기에 감히 현릉의 명을 어기고 여흥왕을 폐하려 든단 말인가?

이 일까지 더해져 이색 부자는 물론 그들과 가까운 이들에 대한 공격이 격렬해진다.

이숭인, 하륜은 이색의 간사한 꾀에 따라 신창을 중국에 조회토록 하고 권근은 황제의 명을 사사로이 열어보아 먼저 이색 등에게 보였으니 이들을 국문해 죄를 다스리소서.

……
이색, 이종학, 이숭인, 하륜 등을 유배하라.

이성계 측의 공격은 계속됐다.

홍영통, 우현보, 왕안덕, 우인열 등은 변안열의 역모(김저, 정득후 관련)에 참여했으니 헌사에 내려 이들을 극형에 처하소서.

영통, 현보 등에 대한 탄핵이 많이 올라오는데…

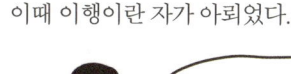

공양왕 3년(1391) 1월, 이성계는 문하시중의 지위에 더해 도총제사를 겸하게 된다. 기존의 5군 체제를 3군 체제로 바꾸고 고려의 전군을 통솔하게 된 것인데 배극렴이 중군총제사, 조준이 좌군총제사, 정도전이 우군총제사가 됨으로써 이성계에 의한 군권 장악이 한층 강화된 셈이다.

정몽주의 힘

정당문학 정도전이 글을 올렸다.

우와 창이 왕위를 도적질했으니 실로 조종의 죄인이며 왕씨의 자손과 신민들의 공동의 원수이옵니다.
그 족당을 목 베지 않는다면 최소한 먼 변방으로 내쫓아야 사람과 신의 마음이 만족하게 될 것입니다.
여러 장수들이 위화도에서 군사를 돌이켜 왕씨를 세우기를 의논했으니 이는 왕씨가 다시 일어날 기회였습니다.

그 의논을 저지시키고 마침내 창을 세워 왕씨로 하여금 다시 일어나지 못하게 한 자와 신우를 맞이해 왕씨를 영구히 끊으려 한 자는 난적의 당이니 왕법에 용납할 수 없는 바이옵니다.
전하께서 이미 그 생명을 보전하였으니 먼 지방에 두어도 될 것이온데 지금 불러 집으로 돌아오게 하여 위로하고 편안하게 하였습니다. 이는 마치 그들이 무고였다는 것과 같습니다. 하오나 그들이 왕씨를 저해하고 창을 세운 것은 여러 장수들이 모두 아는 바입니다 …

그들이 신우를 맞이해 왕씨를 끊으려 한 것은 김저와 정득후가 전에 말했고 이림, 이귀생이 이후에 공초로 자복해 말한 증거가 매우 명백한데 이를 무함이라 한다면 천하 어디에 난신적자가 있겠나이까?

정도전이 거듭 글을 올리고

이색, 우현보 등을 목 베소서.

사헌부도 반복해서 이색의 죄를 논하자

이색을…

이색을 먼 지방으로 유배했다.

허유~

그는 또한 손꼽히는 외교관이었다. 모두가 가기 싫어하는 명나라행, 일본행도 마다하지 않았고

갔다 하면 항상 예우를 받고

성과를 가져오곤 했다.

"이번 일본행에선 포로 수백 명을 데리고 왔다며."

"일본 측 인사들이 몰려들어 시 한 수 부탁하느라 난리도 아니었대."

정도전과는 신돈이 복구한 성균관 시절부터 뜻을 함께해 온 동지였다.

이성계와는 이미 20대에 삼선·삼개의 난 진압에 함께했고

황산대첩도 함께한 사이

결정적으로 그는 폐가입진에 동의해 공양왕을 세운 흥국사 9공신의 일원이다.

때문에 그는 이색과 이색을 따르는 권근, 이숭인, 하륜 등 옛 동료들과는 분명 노선이 다른 것처럼 보였다.

…

사전개혁 땐 중도적 입장을 취했고 이색 등에 대한 공격에도 그 동안 관망하는 모습을 보여왔지.

그런데 아무래도 중도가 아니라 저쪽 편일 것 같은 생각이 든단 말야.

정 선배가 저쪽 편에 서면 곤란해지는데…

그랬다. 근본에 있어서 그는 반역성혁명 입장이었다.

이성계와 정도전은 왕위를 찬탈하고 고려를 무너뜨릴 속셈이지. 그걸 알았기에 이색 선생은 창을 세우고 친조를 통해 왕위를 공고히 함으로써 이성계를 저지하려 했던 것인데.

내가 폐가입진에 동의한 것은 막기 어려운 형세였기 때문이야. 한 발 물러나 때를 살펴 역전해야지. 고려를 지킨다!

왕은 본능적으로 그가 이색을 대체할, 아니 그 이상의 우군임을 알았다.

정몽주만 내 편에 서준다면 해볼만 해.

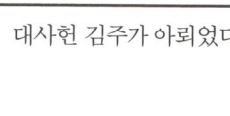

역성혁명을 위해 회군 뒤
차근차근 쌓아온 모든 노력이
한순간에 무너질 위기에 몰렸다.

마지막 옥새

정몽주가 집으로 돌아가는 길, 이방원이 미리 보낸 조영규 등이 기다렸다가 선죽교에서 격살했다.
이성계가 해주에서 집으로 돌아오고 이틀 뒤의 일이다.

정몽주의 머리는 효수되었다.

죄인 정몽주 없는 일을 꾸며 대간을 꾀어 대신을 모해하고 국가를 흔들었다.

사관은 이렇게 평한다.

정몽주는 천품이 지극히 빼어났고 지혜와 용기가 절륜했다… 이때 나라에 사고가 많아 기무가 번거롭고 많았는데도 몽주는 큰일을 처리하고 결단하는 데 말소리와 얼굴빛이 변치 않고 바로바로 처리하되 적당함을 얻으니 가히 왕천하를 보좌할 만한 재주라 일컬어졌다.

경세가로서도 빼어나 남겨놓은 일들이 많죠.

도성 내엔 오부학당, 교외엔 향교를 세우고 의창을 세워 궁핍한 사람들을 구제했으며 수참(水站)을 세워 조운을 편리하게 한 것도 그가 한 일이죠.

그러나 뭐니뭐니 해도 그의 가장 걸출한 점은 절대적 권력자 이성계를 벼랑 끝까지 몰아붙인 정치적 역량이다.

애초 체급 차이가 너무 심해 게임이 될 수 없을 듯 보였지만

정몽주는 자신이 가진 유리한 조건과 상대가 가진 작은 약점을 파고들었다.

유리한 조건이라면 주상께서 나와 뜻을 함께한다는 점이고

상대가 가진 약점은 이성계가 모양 좋은 왕위 이양을 추구한다는 것이지.

여기에 빼어난 학자이자 관료로만 여겨졌던 그의 특출난 정치 역량이 더해졌다.

때를 포착하는 판단력과 결단력, 그리고 옛정에 사로잡히지 않는 냉혹함과 불도저 같은 추진력까지…

우리 스승님 맞어?

그로 인해 기라성 같은 이성계의 측근들이 추풍낙엽이 되었고

이성계는 막강한 군권을 갖고도 파멸 직전에까지 몰렸던 것이다.

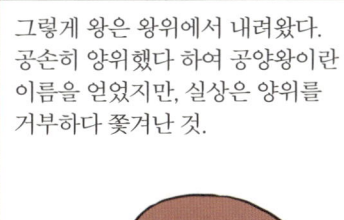

그렇게 왕은 왕위에서 내려왔다. 공손히 양위했다 하여 공양왕이란 이름을 얻었지만, 실상은 양위를 거부하다 쫓겨난 것.

거부의 대가는 가혹했다. 공양군으로 강등되어 원주로, 고성으로, 다시 삼척으로 옮겨지더니

2년이 채 못 된 어느 날 조정의 사자들을 맞아야 했다.

신민이 나(이성계)를 추대해 임금으로 삼았으니 실로 하늘의 운수다.
군(공양왕)을 관동에 가 있게 하고 나머지 왕씨들도 각기 편리한 곳에 가서 생업을 잇게 하였는데,
지금 동래 현령 김가행과 염장관 박중질 등이 반역을 도모하고자 군과 친속의 운명을 맹인 이흥무에게 점쳤다가 발각되어 복죄하였는 바, 대소신료들이 여러 날 청하고 글을 올려 간하므로 내가 마지못해 억지로 그 청을 따르니 군은 이 사실을 잘 알라.

공양왕은 두 아들과 함께 교살되었다. 향년 50세.
뒤에 조선 태종 때에 이르러 공양왕으로 추증되었다.

나라의 주인임을 상징하는 옥새는 대비전에 맡겨졌다가

나흘 뒤 새 임자를 찾아갔다.

어서 왕위에 오르시어 신과 사람들의 기대에 부응하소서.

왕조는 사라졌지만 '코리아'란 이름과 함께
어떤 국난 앞에서도 꺾일 줄 몰랐던 정신은 고스란히 전해져
민족의 형질로 새겨졌다.

작가 후기

      5권은 제27대 충숙왕에서 시작해 마지막 임금인 제34대 공양왕에 이르기까지 여덟 명의 임금이 재위했던 80년을 다룬다. 제1장을 구성하는 충정왕까지의 40년은 원이 멋대로 고려의 임금을 갈아치우곤 했던 때로, 고려 역사를 통틀어 자주성이 가장 취약해졌던 시기다. 그러나 곧바로 반전이 일어난다. 뒤이어 즉위한 공민왕은 원나라의 힘이 빠지기 시작하는 것을 보면서 과감히 반원 자주 정책을 펴나갔고 상당한 자주권을 되찾는다. 공민왕은 한발 더 나아가 내정까지 개혁해 고려를 다시 세우려 했다. 그러나 계속되는 외부로부터의 침략과 내부의 반란, 그리고 공민왕 자신의 개혁 의지 퇴색으로 인해 고려 재건의 꿈은 스러지고 말았다. 권력자들을 중심으로 한 기득권 체제는 더욱 강화되고 왜구의 침탈을 위시한 외부로부터의 위협도 끊이지 않았다. 자연 나라의 형편과 백성의 삶은 무너져 내렸는데 이런 토양에서 조선 건국이라는 역성혁명의 씨앗이 싹트고 자라나 열매를 맺게 된다.

      이 책의 대부분을 차지하는 공민왕 이후의 역사는 《박시백의 조선왕조실록》 1권 《개국》 편과 시대가 겹친다. 21년 만에 같은 시대를 다시 그리게 된 셈이다. 《개국》 편은 조선왕조 개국에 초점을 맞춰 이성계와 정도전의 움직임에 큰 비중을 두고 그렸

다면《박시백의 고려사》5권은 고려왕조의 패망 과정을 중심으로 전개하는 것이 가장 큰 차이다. 그렇더라도 역사적 사건들이 변할 순 없는 것이어서 중복되는 장면도 많다. 또 다른 차이점은 21년이란 시간에서 오는 것이라 하겠다. 시사만화를 그리다 덤벼든《개국》편이 시사만화적 경향성과 30대에서 40대로 막 넘어가던 때의 제법 젊은 감각을 보여준다면, 이 책에선《박시백의 조선왕조실록》과《35년》을 작업해 오면서 알게 모르게 다져진 표현 방식과 나이 듦으로 인해 무뎌진(?) 감각을 확인하게 된다.《개국》편을 재미있게 읽은 독자들이라면 실망할 수도 있겠지만 나로선 나름대로 열심히 한 결과라 말씀드리며 양해를 구해본다.

    5권을 끝으로 4년간 씨름했던《박시백의 고려사》작업이 끝났다. 20권으로 구성했던 조선왕조실록 작업에 비해 분량이 너무 적어 아쉽다는 이야기를 종종 듣는다. 짧은 대신 고려사를 훑어보는 입문서로 읽혔으면 하는 바람이다. 그리고 훗날 누군가가 더욱 풍부하고 깊이 있게 글 혹은 만화로 고려사를 엮어주길 기대한다. 끝으로 나보다도 더《고려사》와《고려사절요》를 숙독하며 작은 오점들까지 찾아내느라 애쓴 휴머니스트의 편집자들께 고마움을 전한다.

고려사 연표

충숙왕

1316 충숙왕 3년
3월 9일 상왕(충선왕)이 심왕 지위를 왕고에게 주다.

1320 충숙왕 7년
12월 4일 황제가 상왕을 토번으로 유배하다.
12월 27일 왕이 정방을 설치하다.

1321 충숙왕 8년
1월 25일 황제가 왕의 입조를 명하다.
4월 24일 왕이 원으로 떠나는데, 도중에 시종들이 왕을 이반하다.
4월 29일 왕이 상왕이 중용한 권한공과 채홍철 등을 유배하다.

1322 충숙왕 9년
3월 14일 심왕이 왕을 모함하여 황제가 왕의 옥새를 거두다.
9월 권한공 등이 심왕을 추대하는 서한을 보냈으나 원에서 거부하다.

1323 충숙왕 10년
1월 유청신과 오잠이 입성책동을 시도했으나 이제현 등의 반대로 무산되다.

1324 충숙왕 11년
1월 27일 왕이 옥새를 돌려받다.
3월 왕이 심왕 옹립 청원서에 서한한 관리들을 파직하다.

1325 충숙왕 12년
5월 13일 왕과 경화공주가 귀국하고, 상왕이 훙거하다.

1329 충숙왕 16년
10월 27일 왕이 원에 국왕 양위 승인을 요청하다.

충혜왕

1330 충혜왕 즉위년
윤7월 11일 상왕(충숙왕)이 원으로 가는 길에 귀국하는 왕을 만나 오랑캐의 예와 사치스러운 의관을 엄하게 나무라다.
8월 8일 왕이 즉위하다.

1332 충혜왕 2년
2월 24일 황제가 왕을 폐위하고 상왕을 복위시키다.

1339 충혜왕 복위년
3월 24일 충숙왕이 훙거하다.
5월 1일 왕이 보흥고를 설치하다.
8월 13일 심왕파인 조적이 난을 일으켰으나 사살되다.
11월 12일 조적의 고소로 원 사신이 왕과 측근들을 체포해 가다.

1340 충혜왕 후1년
3월 11일 왕이 석방되다.
4월 11일 황제가 기씨를 책봉해 제2황후로 삼다.

1343 충혜왕 후4년
11월 22일 원 사신이 부도덕한 행실을 이유로 왕을 체포해 가다.
12월 21일 왕이 함거에 실려 게양으로 유배되다.

1344 충혜왕 후5년
1월 15일 왕이 유배 중 악양에서 훙거하다.

충목왕

1344 충목왕 즉위년
4월 27일 원이 왕흔을 왕으로 임명하다.

1347 충목왕 3년
2월 16일 정치도감을 설치하다.
3월 26일 기삼만이 옥사하다.
10월 26일 원이 기삼만의 옥사를 문제 삼아 정치도감 관리들을 처벌하다.

1348 충목왕 4년
12월 5일 왕이 병으로 훙거하다.

충정왕

1349 충정왕 1년
5월 8일 원이 왕저를 왕으로 임명하다.

1350 충정왕 2년
2월 왜구의 침략이 시작되다.

공민왕

1351 공민왕 즉위년
10월 6일 원이 충정왕을 폐위하고 강릉대군 왕기를 왕으로 임명하다.
11월 29일 왕이 이제현에게 정동성 업무를 임시로 맡기다.
12월 27일 왕이 즉위하다.

1352 공민왕 1년
1월 왕이 변발을 풀다.
2월 1일 왕이 정방을 폐지하다.
3월 7일 전왕이 독을 먹고 훙서하다.
10월 5일 난을 일으킨 조일신을 처형하다.

1354 공민왕 3년
7월 4일 홍건적 토벌을 위한 원의 요청으로 유탁 등이 군사 2,000명을 이끌고 출정하다.

1356 공민왕 5년
5월 18일 왕이 기철 세력을 제거하고 정동행성 이문소를 폐지하다.
6월 4일 인당이 군을 이끌고 압록강 서쪽 3참을 격파하다.
7월 9일 유인우가 쌍성을 수복하다.
10월 8일 기철 처형과 국경의 변란에 대해 원이 용서하다.
10월 12일 이인복을 원에 보내 정동행성 인사권 등을 요구하다.

1359 공민왕 8년
12월 8일 홍건적이 침입하다.

12월 28일 홍건적이 서경을 함락하다.

1360 공민왕 9년
1월 19일 서경을 수복하다.

1361 공민왕 10년
10월 20일 홍건적 본진이 침입하다.
11월 24일 홍건적이 개경을 함락하다.

1362 공민왕 11년
1월 18일 개경을 수복하다.
1월 22일 김용이 교지를 위조하고 안우·이방실·김득배를 사주해 정세운을 죽이다.
2월 납합출이 침략하다.
7월 이성계가 납합출 군대를 섬멸하다.

1363 공민왕 12년
윤3월 1일 김용이 일으킨 흥왕사의 난을 최영 등이 평정하다.
4월 20일 김용을 처형하다.
5월 24일 원이 덕흥군을 고려 왕으로 삼자 군사 대비를 하다.

1364 공민왕 13년
1월 1일 최유·덕흥군이 군대를 이끌고 압록강을 건너 오다.
1월 18일 고려군이 정주에서 최유·덕흥군 군을 격파하다.
11월 2일 원이 최유를 처형하다.

1365 공민왕 14년
2월 15일 노국대장공주가 난산으로 훙서하다.
5월 승려 편조(신돈)를 왕사로 삼다.
5월 편조가 최영을 참소하다.
7월 최영 등의 벼슬을 삭탈하다.
12월 24일 신돈에게 공신호를 내리고 관직을 임명하다.

1366 공민왕 15년
4월 13일 신돈 비판 상소를 올린 정추와 이존오를 좌천하다.
12월 22일 이색을 성균관 대사성에 임명하다.

1368 공민왕 17년
5월 영전 재건축으로 백성의 원성을 사다.
9월 18일 원 황제 일가가 명군의 공격을 받고 상도로 피신하다.

1369 공민왕 18년
4월 28일 명 사신이 황제의 친서를 들고오자 명과 수교하다.
5월 8일 왕이 원 연호 사용을 금하다.

1370 공민왕 19년
5월 26일 명 황제가 고려 국왕 책봉 조서와 함께 선물을 보내다.
7월 9일 명 연호를 사용하다.
11월 4일 이성계 등이 압록강을 건너가 요성을 함락하다.

1371 공민왕 20년
7월 11일 신돈을 처형하다.

1372 공민왕 21년
10월 1일 왕이 자제위를 설치해 온갖 불륜을 저지르게 하다.

1373 공민왕 22년
7월 6일 모니노(우왕)를 강녕부원대군에 봉하다.

1374 공민왕 23년
4월 13일 명 황제가 말 2,000필을 요구하다.
7월 12일 제주 목호들이 말 바치기를 거부하다.
8월 28일 최영이 제주 목호의 난을 평정하다.
9월 2일 김의가 명 사신과 말 300필을 정료위로 호송하다.
9월 22일 공민왕이 시해되다.

우왕

1374 우왕 즉위년
9월 이인임이 우왕을 옹립하다. 전왕을 시해한 최만생·홍륜 등을 처형하다.
11월 호송관 김의가 명 사신을 죽이고 북원으로 도주하다.

1375 우왕 1년
4월 북원이 심왕 고의 손자

탈탈불화를 고려 국왕에 책봉한다는 소식이 오자, 이인임 등이 탈탈불화의 고려 왕 책봉을 막기 위해 북원에 표문을 보내려 하다.
5월 유신들이 북원 사신 입조에 반대하고 정도전이 영접을 거부하자 이인임이 정도전을 유배하다. 정몽주 등이 북원과의 수교를 반대하다.
6월 이첨 등이 이인임을 탄핵하다.
7월 이인임을 탄핵한 유신들이 유배되다.

1376 우왕 2년
3월 왕의 생모라고 주장하는 반야를 처형하다.
3월 북원 정료위와 다시 통교하다.
7월 최영이 홍산에서 왜구를 격퇴하다.

1377 우왕 3년
2월 북원의 연호를 다시 쓰다.
3월 이인임, 최영 등이 지윤 일파를 제거하다.
8월 이성계가 황해도 일대의 왜구를 무찌르다.
10월 화통도감을 설치하다.

1378 우왕 4년
9월 다시 명 연호를 쓰다.

1380 우왕 6년
1월 왕이 유모 장씨를 참수하다.
1월 명덕태후가 훙거하다.
8월 최무선, 나세 등이 화포를 사용해 진포의 왜구를 격퇴하다.

9월 이성계가 운봉에서 왜구를 격퇴하다.

1383 우왕 9년
8월 이성계가 국경 수비를 위한 건의서를 올리다.
10월 북원의 군대가 요동에서 명군을 격파하다.
11월 명 황제가 고려 사신을 하옥하고, 5년치 세공을 한꺼번에 바치라 명하다.

1385 우왕 11년
9월 명 황제가 고려 왕을 책봉하고, 공민왕의 시호를 내리다.
9월 이성계 등이 함주에서 왜구를 격퇴하다.

1387 우왕 13년
6월 명 복식을 채택하다.
12월 조반이 토지 문제로 다투다가 염흥방의 가노 이광을 죽이다.

1388 우왕 14년
1월 1일 조반의 옥사가 일어나다.
1월 8일 최영과 이성계가 임견미 일파를 처형하다.
1월 이인임을 경산에 유배하다. 전민변정도감을 설치하다.
2월 명 황제가 철령 이북 지역을 요동에 귀속시키라고 지시하자, 명의 침공에 대비하다.
2월 왕이 최영과 요동 정벌을 의논하다.

3월 26일 왕이 요동 정벌을 위해 서해도로 향하다.
4월 1일 이성계가 4불가론을 펴며 요동 정벌에 반대하다.
4월 21일 연호 사용을 금하다.
5월 13일 우왕과 최영이 좌우군도통사의 회군 요청을 거부하다.
5월 22일 이성계가 위화도에서 회군하다.
6월 1일 회군한 군대가 도성 밖에 주둔하며 최영 제거를 요구하다.
6월 5일 최영을 유배하다.
6월 명 연호와 복식을 다시 쓰다.
6월 6일 왕이 이성계 급습에 실패하고 폐위되다.

창왕

1388 창왕 즉위년
6월 9일 조민수가 창왕을 옹립하다.
7월 조준의 탄핵으로 조민수를 유배하다.
7월 조준이 토지제도를 바로잡을 방책을 올리다.
12월 최영을 처형하다.

1389년 창왕 1년
8월 조준이 사전의 폐단에 대해 상소하다.
11월 우왕이 정득후와 김저를 사주해 이성계 암살을 계획한 것이 드러나 우왕을 강릉으로 옮기고 창왕을 폐위하다.

공양왕

1389 공양왕 1년
11월 15일 왕이 즉위하다. 우왕과 창왕을 서인으로 강등하다.
11월 김저가 옥사하다. 공모자들을 유배하다.
12월 1일 우왕·창왕을 옹립한 이색을 파직하고 조민수를 서인으로 강등하다.
12월 14일 우왕·창왕을 처형하다.
12월 조준 등이 토지제도에 대한 상소를 올리다.

1390 공양왕 2년
윤4월 4일 이성계와 일곱 공신이 사직하자 왕이 복귀를 명하다.
윤4월 8일 이색 처벌에 대한 건의가 받아들여지지 않자 대간이 사직하니, 지방 수령으로 좌천하다.
5월 1일 윤이·이초가 명에 고려를 모함하고 토벌을 요청하다.
8월 3일 윤이·이초 사건으로 이색·우현보 등을 유배하다.
9월 토지장부를 불태우다.
11월 4일 왕이 우현보, 이색 등을 용서하다.

1391 공양왕 3년
1월 7일 이성계를 삼군도총제사로 삼다.
5월 과전법을 제정하다.
6월 13일 헌부의 요청으로 이색 등을 유배하다.

5·7월 정도전이 이색과 우현보 처형을 요청하다.
7월 5일 정몽주 등이 왕에게 죄인 심사에 대한 의견을 올리다.
9월 이색과 우현보 처벌을 둘러싸고 논란이 벌어지다.
9월 20일 정도전을 고향 봉화로 보내다.
9월 이색 등에 대한 처벌 수위를 결정하다.
9월 26일 조민수 등의 가산을 몰수하고 우인열 등을 외방에 거주하게 하다.
11월 이색·이숭인·이종학 등이 유배에서 돌아오다.
12월 이색·우현보 등이 관직에 복귀하다.

1392 공양왕 4년
3월 17일 이성계가 해주에서 사냥하다가 말에서 떨어지다.
4월 1일 김진양 등의 탄핵으로 조준·정도전 등을 유배하다.
4월 2일 이방원이 밤중에 급히 이성계를 개경으로 모셔오다.
4월 4일 이방원의 사주로 조영규 등이 정몽주를 살해하다.
4월 이첨·이색·이숭인·우현보 등을 유배하다.
7월 5일 왕이 이성계와 군신동맹을 맺는 글을 짓게 하다.
7월 12일 왕을 폐위하고 원주로 추방하다.
7월 17일 이성계가 왕위에 오르다.

고려 왕실 세계도

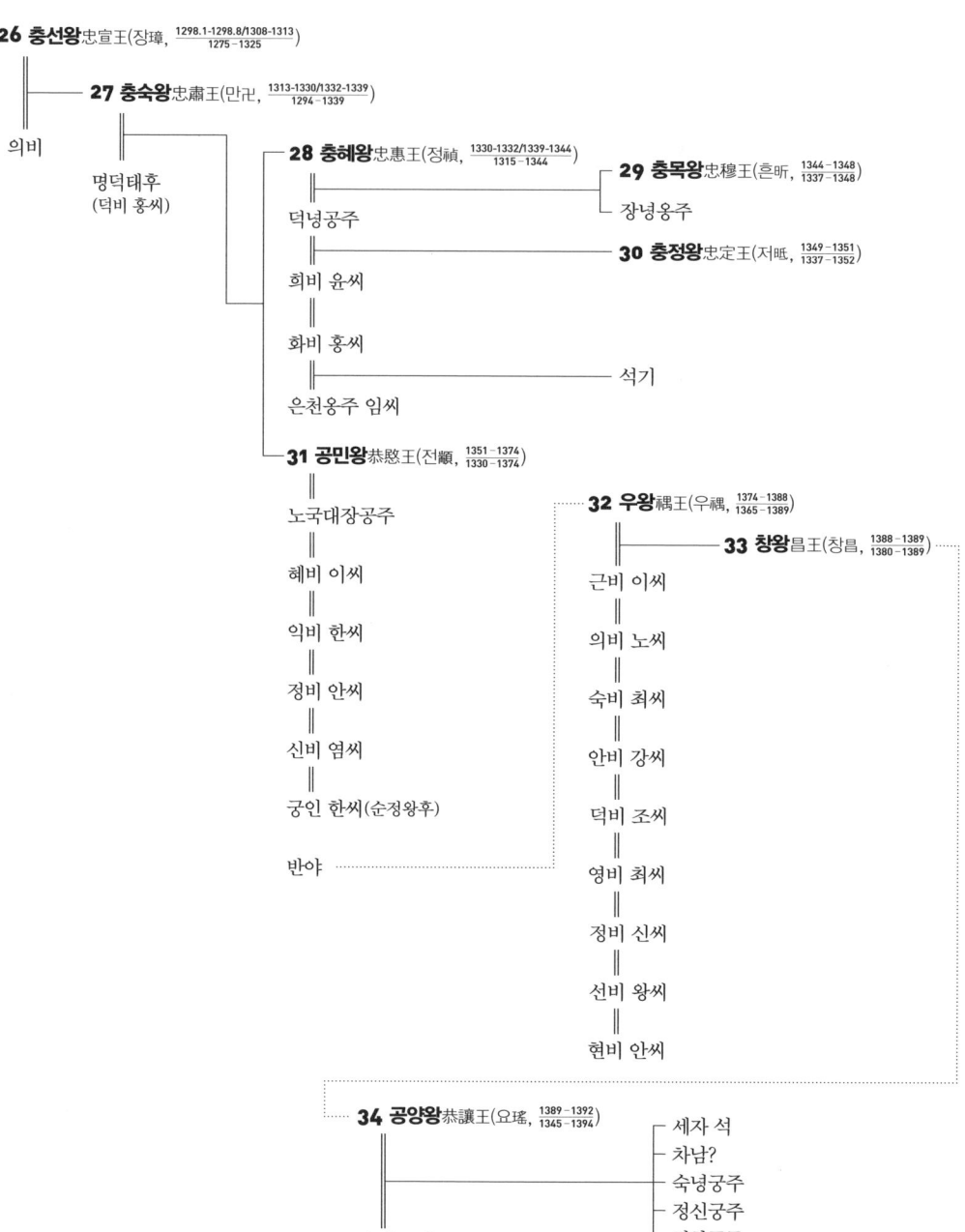

정사(正史)로 기록된 고려의 역사, 《고려사》와 《고려사절요》

고려에 관한 가장 풍부한 기초 자료집, 《고려사》

《고려사(高麗史)》는 고려 왕조의 역사를 충실하게 담고 있는 역사서로, 조선 초기 김종서·정인지 등이 세종의 교지를 받아 편찬했다. 오늘날 전하는 고려시대 역사서 가운데 가장 오래됐으며, 당대의 역사서는 물론 문집·묘지명 등 다양한 사료를 수록하여 세가 46권, 지 39권, 연표 2권, 열전 50권, 목록 2권 등 총 139권 75책으로 구성되어 있다. 특히 열전은 한 시대를 풍미한 인물 1,008명의 이야기를 담았으며, 인물 배치 순서에서 편찬 의도가 넌지시 드러나 《고려사》에서 가장 흥미로운 부분으로 꼽히기도 한다.

방대한 내용을 담았음에도 《고려사》는 엄격한 역사성과 객관성을 유지한 역사서로 평가받는다. 편찬자가 문장을 만들어내지 않고 엄정히 선택한 원 사료의 문장을 그대로 옮겨 적는 방식으로 엮었으며, 인물 평가도 한 개인에 대한 칭찬과 비판의 자료를 모두 기재하여 객관적인 서술 태도를 유지했다. 이렇듯 《고려사》는 고려 왕조사에 관한 가장 풍부한 기초 문헌이자 고려의 역사를 기록한 정사로서, 학술적·문화재적으로 그 가치를 인정받아 2021년 문화재청이 보물로 지정했다.

《고려사》를 보완하는 독자 중심 역사서, 《고려사절요》

《고려사절요(高麗史節要)》는 '절요'라는 명칭이 붙기는 했으나 《고려사》를 줄인 책이 아니라 서로 보완하는 성격을 지닌 35권 분량의 사서이다. 《고려사》 편찬을 마쳐 문종에게 바치는 자리에서 김종서는 기전체로 서술된 《고려사》가 사실을 자세히 기록하는 장점이 있으나 읽는 이에게 불편하니 역사적 사실을 종합해 시간순으로 서술하는 편년체의 사서를 편찬할 것을 건의해 문종의 승낙을 받았다.

《고려사절요》는 《고려사》에서 찾을 수 없는 기록도 포함하고 있으며, 연월을 꼼꼼히 기술하여 정치적 사건의 추이를 전하는 사료로서의 가치가 높다. 역대 역사가의 사론을 여러 곳에 실어 사학사상 연구에도 귀중한 자료이며, 《고려사》에 비해 왕보다 관료의 비중을 높여 기록한 점도 주목할 만하다.

박시백의 고려사 5 개혁의 실패와 망국으로의 길

1판 1쇄 발행일 2024년 3월 25일
1판 3쇄 발행일 2024년 7월 15일

지은이 박시백

발행인 김학원
발행처 (주)휴머니스트출판그룹
출판등록 제313-2007-000007호(2007년 1월 5일)
주소 (03991) 서울시 마포구 동교로23길 76(연남동)
전화 02-335-4422 **팩스** 02-334-3427
저자·독자 서비스 humanist@humanistbooks.com
홈페이지 www.humanistbooks.com
유튜브 youtube.com/user/humanistma **포스트** post.naver.com/hmcv
페이스북 facebook.com/hmcv2001 **인스타그램** @humanist_insta

편집주간 황서현 **편집** 최인영 강창훈 **디자인** 김태형
조판 홍영사 **용지** 화인페이퍼 **인쇄** 정민문화사 **제본** 정민문화사
사진 제공 12쪽 남북역사학자협의회·62쪽 셔터스톡·136쪽 문화재청·192쪽 셔터스톡

ⓒ 박시백, 2024

ISBN 979-11-7087-108-8 07910
ISBN 979-11-6080-808-7 07910(세트)

- 이 책은 저작권법에 따라 보호받는 저작물이므로 무단 전재와 무단 복제를 금합니다.
- 이 책의 전부 또는 일부를 이용하려면 반드시 저자와 (주)휴머니스트출판그룹의 동의를 받아야 합니다.